AF316955

Deux Lettres de Louis BLANC

LA SITUATION

L'UNION
DES RÉPUBLICAINS

PRIX : 15 centimes.

ANGERS

LIBRAIRIE RÉPUBLICAINE

P.-L. BÉCHET, éditeur, rue Bodinier

1873

ANGERS, IMPRIMERIE J.-T. DUMONT, RUE DE LESPINE, 2.

LA SITUATION

M. Louis Blanc, à qui nous avions demandé son opinion sur la situation actuelle, nous a adressé la réponse suivante :

A Monsieur Béchet, rédacteur en chef
du Travailleur d'Angers.

Monsieur et cher concitoyen,

Vous me demandez ce que je pense de la situation.

Avec tout le monde, je pense qu'elle serait terrible, si les fauteurs d'une restauration monarchique réussissaient; mais je suis convaincu qu'ils ne réussiront pas.

Ils prenaient des airs de vainqueurs ; ils s'appelaient d'avance la *majorité* ; ils montraient leur roi au mo-

ment d'entrer dans Paris comme dans une ville con-
quise, des canons le précédant et sa cour lui faisant
cortège ; ils s'étaient dit : « Aussi fatalement que les
fleuves vont à la mer, la bassesse humaine va au succès. Paraître l'avoir atteint est un moyen d'y attein-
dre. Quiconque a le visage tourné du côté où le vent
semble souffler, sera des nôtres. »

C'était calomnier ceux qu'on espérait gagner, et tenir en bien petite estime leur intelligence. Car enfin,
qui pourrait mettre en doute le résultat final du mou-
vement qui se produit, lorsque tout concourt à en mar-
quer le caractère et en prouve la puissance ; lorsqu'au
vertige des coureurs d'aventures monarchiques le cen-
tre gauche tout entier oppose l'inébranlable fermeté de
son bon sens et la clairvoyance de son patriotisme ; lorsque, par la voix d'hommes tels que M. Thiers, M. de
Rémusat, M. Casimir Périer, M. Christophle, M. Léon
Say, M. Féray, M. Krantz, M. Alfred André, M. Sé-
bert, etc, la bourgeoisie déclare qu'elle veut la République parce qu'elle veut l'ordre ; lorsque l'intimité
du lien qui unit la consolidation de la République
à la cause des intérêts conservateurs est affirmée
par tant d'hommes d'Etat, de négociants, de manu-
facturiers, de banquiers ; lorsque la classe ouvrière demande à grands cris la République, pour n avoir pas
un autre trône à renverser et les calamités d'une révolution nouvelle à subir ; lorsqu'il est absolument
certain que les paysans verraient dans le rétablissement de la royauté de droit divin la destruction du
régime qui leur donna la terre, et s'irritent au seul
nom d'Henri V ; lorsqu'enfin le suffrage universel,

chaque fois qu'on le consulte, répond : La France s'appartient, et elle trouve monstrueux que, la traitant comme leur chose, quelques hommes prétendent la livrer à un homme.

Industriels et commerçants, ouvriers, paysans, la nation moins une poignée de ducs, de marquis, d'apprentis-gentilshommes, de fils d'émigrés et de gens d'Église, voilà ce que les artisans d'une restauration monarchique ont contre eux. Et il leur suffirait d'affirmer que la France tient dans le creux de leurs mains, pour qu'on le crût ! L'assurance qu'ils ont affectée jusqu'à présent ne trompe plus personne. C'est le masque dont ils couvrent le trouble qui les agite, et qui doit les agiter s'il leur reste encore un grain de raison. Trop avancés aujourd'hui pour reculer, on concevrait à la rigueur qu'ils rompissent les ponts derrière eux ; mais ce qui ne se concevrait pas, c'est que, sans émotion, ils courussent se plonger dans le chaos, en y plongeant la France.

On sait aujourd'hui qu'ils n'auront pas la majorité dans l'Assemblée, ces hommes qui ont voulu avoir un maître pour devenir nos maîtres ; on le sait. Mais cela même n'était qu'un côté de la question. Supposons un moment le comte de Chambord sur le trône, comment aurait-il pu s'y tenir ? Qu'on nous dise donc sur quelle force s'appuierait une monarchie restaurée pour résister à l'opinion devenue torrent.

Sur l'armée ? Il lui faut un drapeau. Lequel se prépare-t-on à lui offrir ? Le drapeau blanc ? Les fusionnistes eux-mêmes n'osent le déplier et se contentent de le tenir en réserve, tant il est impopulaire. Le drapeau tricolore ? mais celui-là exprime la haine du principe que le comte de Chambord représente et des Bourbons qu'il continue ; mais il rappelle les coups portés à la cause dont le comte de Chambord est le champion ; mais c'est celui que le grand-père du comte de Chambord foula aux pieds en entrant dans Paris à la suite des Prussiens et des Cosaques ; c'est celui sous lequel combattirent et vainquirent les soldats héroïques qu'en 1815 les suppôts de la famille du comte de Chambord appelaient *brigands de la Loire* ; c'est celui contre lequel, en 1832, la mère du comte de Chambord essaya de ranimer les colères de la Vendée ; c'est celui que, dans des manifestes récents, répétés, solennels, le comte de Chambord a déclaré ne pouvoir adopter sans mentir à ses convictions et mettre sa dignité au rabais. Il aurait donc beau préférer aujourd'hui un trône à ses convictions et à sa dignité, le drapeau tricolore, porté par lui, ne paraîtrait jamais couvrir que des souvenirs et des idées qui en feraient ce que M. Thiers a si bien nommé le plus odieux des mensonges. Je ne parle pas du drapeau tricolore *modifié* en vertu de l'initiative royale : « Ne touchez pas au drapeau » est un cri militaire plus redoutable en France que ne le fut jamais en Espagne ce cri monarchique : « Ne touchez pas à la reine. »

Oui, le bourgeois, l'ouvrier, le paysan..... et le soldat, voilà ce que la royauté de Henri V aurait contre elle. Un prince venant de gaieté de cœur affronter une telle unanimité de sentiments et d'intérêts hostiles, serait à coup sûr un phénomène unique dans l'histoire. Tant de folie ne se comprend pas.

Il est des gens qui se croient très-profonds, quand ils ont dit : « Tout est possible en France ». A l'appui de ce grand axiome, ils citeront la Restauration, ils citeront le second Empire. Rien de plus absurde.

Les Bourbons, lors de l'effondrement du premier empire, ne furent pas impossibles, quoique inconnus au peuple et ramenés par l'étranger, parce que, épuisée par dix ans de guerres continues, la France était sur les dents ; parce que dix ans de despostisme avaient ajouté à l'immense besoin de repos qu'elle éprouvait un immense besoin de liberté ; parce que l'invasion lui aurait donné à soulever le poids énorme de douze cents mille soldats étrangers ; parce que la chute de Napoléon était dans les lois du développement de la bourgoisie, une nation ne pouvant être à la fois industrielle et guerrière ; parce que Louis XVIII arrivait la bouche pleine de promesses décevantes, et qu'il fallut du temps pour bien apprendre ce que vaut parole de roi.

A son tour, Napoléon III a été possible, parce que, sous la Restauration , le parti libéral avait travaillé avec une ardeur infatigable à déifier, dans les campagnes, l'homme de brumaire ; parce que le paysan était tout entier à la légende napoléonienne ; parce que Louis Bonaparte s'était présenté comme socialiste et passait pour tel dans beaucoup d'ateliers ; parce que l'Assemblée qu'il renversa s'était rendue odieuse au peuple en lui enlevant le suffrage universel, et qu'il se hâta, lui, de le rétablir ; parce que, si la souveraineté nationale, sous son règne, n'exista pas en fait, elle fut du moins reconnue en principe ; et parce que l'empire, qui avait porté la main sur la Révolution, mais qui émanait d'elle, bénéficia de la haine qu'inspirait l'ancien régime.

Qu'on cherche maintenant le *parce que* de la royauté d'Henri V : je défie qu'on le trouve. Elle ne répond à aucun intérêt et les menace tous.

Les partisans d'Henri V sont les mêmes qui vantent les bienfaits de l'arbitraire, qui applaudissent à la suppression des journaux républicains, qui demandent que la France entière soit mise en état de siége : voilà pour ce qui attend la liberté politique.

Les partisans d'Henri V sont les mêmes qui ne jurent que par le *Syllabus*; qui obéissent à un souverain étranger, le pape; qui inquiètent le protestantisme, qui anathématisent les libres penseurs, qui jugent digne des gémonies quiconque ne veut pas qu'on l'enterre à leur façon, et qui appliquent à la politique leur maxime favorite : « Hors de l'église point de salut. » Voilà pour ce qui attend la liberté de conscience.

L'ordre? on frémit à l'idée de ce qu'il deviendrait au milieu de la crise que risque de déchaîner ce qu'on nomme la monarchie restaurée, mais ce qui serait la monarchie imposée.

La paix? on se demande ce qu'elle gagnerait à ce que la République, qui a élevé notre crédit à un niveau presque fabuleux, payé notre rançon, délivré notre territoire, fût renversée au profit d'un gouvernement de prêtres — espoir pour le pape, menace pour l'Italie.

Vainement le Henri V que ses propres déclarations nous ont si bien fait connaître, a-t-il disparu tout d'un coup, dans les commentaires de la fusion, pour faire place à je ne sais quel Henri V transformé; vainement nous parle-t-on des *garanties* constitutionnelles dont il récompenserait notre empressement à passer sous les fourches caudines du droit divin : le droit divin suppose une souveraineté indépendante de toute convention humaine. Un peuple n'a pas de conditions à faire à son roi. S'il plaît à celui-ci d'accorder certaines faveurs à son peuple, il peut toujours les retirer dès que cela lui paraît convenable.

Telle est la doctrine du droit divin. C'est ainsi que l'entendent les écrivains de l'*Union* et de l'*Univers*; c'est ainsi que le comte de Chambord l'a entendue jusqu'à présent, aux termes de ses déclarations réitérées.

Il est ridicule d'imaginer qu'il puisse y avoir un contrat synallagmatique entre un roi, élu de Dieu, et ses sujets. Qui dit légitimité dit bon plaisir, et l'idée de bon plaisir exclut l'idée de *garanties*. Même en admettant que le comte de Chambord, par un miracle plus miraculeux que ceux de Lourdes, se fût subitement converti à l'esprit de la société moderne, il conserverait le droit de nous ôter demain ce qu'il aurait bien voulu nous accorder aujourd'hui. Et s'il s'en avisait, qu'arriverait-il? Il faudrait, ou que la nation rongeât son frein, ou qu'elle se soulevât et fût écrasée, ou que le trône volât en éclats.

J'ignore si le comte de Chambord a tenu le langage que les négociateurs royalistes lui prêtent ; mais ce que je sais bien, c'est que les prétendants sont capables de beaucoup de choses pour régner. On se rap pelle qu'en 1815 la nomination de Fouché, du régicide Fouché, au ministère de la police, fut une des conditions mises par le duc de Wellington et M. de Talleyrand à l'entrée de Louis XVIII dans Paris. Cette condition, qui avilissait le frère de Louis XVI, fut-elle repoussée par lui avec mépris, avec horreur? Non. Il l'accepta et crut suffisamment voiler sa honte par ces paroles cyniques : « En prenant Fouché, je livre mon pucelage. » On voit qu'en adoptant le drapeau tricolore ou même en consentant à le saluer, le comte de Chambord ne romprait que dans la forme avec ses traditions de famille.

Et il n'y serait pas non plus infidèle en essayant de se frayer une route au trône par toutes les promesses jugées nécessaires, — promesses faciles à faire quand on n'a pas encore la force, et faciles à violer dès qu'on l'a.

Admissibilité de tous les Français aux emplois civils et militaires, — vente des biens nationaux déclarée irrévocable, — liberté de la presse respectée, — liberté des cultes assurée, telles étaient les *garanties* offertes, le 2 mai 1814, par cette fameuse déclaration de Saint-Ouen qui posa les bases de la Charte. Et que fut la Restauration, sinon un combat à mort entre la nation, ardente à les obtenir, et la monarchie, résolue à les refuser ?

Il y avait à peine quelques jours que Louis XVIII était sur le trône, lorsque les bourses dans les écoles militaires furent exclusivement attribuées à la noblesse, mise de la sorte en possession de l'unique moyen d'arriver au grade d'officier. Une des premières mesures de la monarchie restaurée fut la restitution

des biens non vendus d'émigrés, et, à cette occasion,
le ministre Ferrand ne manqua pas de dire que seuls
les émigrés avaient suivi le droit chemin, donnant à
entendre qu'ils restaient propriétaires légitimes des
biens vendus et seraient un jour réintégrés dans leur
droit. Un mois ne s'était pas écoulé depuis la procla-
mation de la liberté de la presse, que déjà la censure
était rétablie. C'était dans les derniers jours du mois de
mai 1814 que ces lignes avaient été écrites dans la charte : « Chacun obtient pour son culte la même protection; »
et, dès le 7 juin 1814, une ordonnance prohibait, sous
des peines sévères, toute espèce de travail les dimanches et jours de fêtes religieuses, défendait la circula-
tion des voitures, défendait le colportage, tandis qu'une
autre ordonnance, relative aux deux dimanches de la
Fête-Dieu, enjoignait aux habitants de Paris de mettre
des tentures sur le devant des maisons dans toutes les
rues par où les processions devaient passer. Mutila-
tion de l'Institut, expulsion des académiciens, certifi-
cats de religions imposés aux officiers, rétablissement
des biens de main-morte, condamnations contre la presse pour articles non encore publiés, l'université soumi-
se aux prêtres, l'éducation livrée à l'ordre, légalement
expulsé, des jésuites, le droit d'aînesse à la veille d'ê-
tre rétabli, un milliard donné aux émigrés, la peine de
mort édictée contre le sacrilège, par la raison qu'en
tuant l'homme coupable de sacrilège on ne fait, sui-
vant un mot affreux de M. de Bonald, que l'envoyer
devant son juge naturel : voilà quelques uns des traits
qui indiquent de quelle façon les monarchies restau-
rées respectent les garanties qu'elle promettent. Et

c'est avec du sang que ces traits sont marqués dans notre histoire. Le maréchal Brune, Ramel, Didier, Tolleron, Berton, Bories, Caron, autant de spectres, qui, aux mots de monarchie restaurée, se dressent devant la France.

Henri V fût-il le mieux intentionné des hommes, il ne pourrait pas plus échapper aux conséquences de la doctrine du droit divin, que ne le purent les Stuarts, que ne l'ont pu les Bourbons. Louis XVIII, qui n'aimait pas les prêtres, dut les subir. Charles X, qui les aimait et en qui Henri V revit d'une manière frappante, les suivit jusqu'au bout, c'est-à-dire jusqu'à l'abîme.

On raconte qu'assis dans le fauteuil où il allait s'éteindre, Louis XVIII fit venir le plus jeune d'entre les princes de sa famille, et, la main étendue vers lui, dit : « Que mon frère ménage la couronne de cet enfant. » Paroles bien vaines ! Il était contraire à la nature des choses que son frère ménageât la couronne, il ne pouvait que la perdre, et il la perdit.

Assez de révolutions comme cela. Si les royalistes de la Fusion n'ont rien appris, la France, elle, n'a rien oublié.

Louis BLANC.

L'Union des Républicains

Comme pendant à la lettre qui précède, nous croyons devoir en donner une seconde qui avait été adressée par l'éminent orateur de la gauche aux électeurs de Figeac (Dordogne) le 20 septembre dernier. Les électeurs de Figeac avaient écrit en même temps à M. Thiers et à M. Gambetta.

Voici cette lettre de M. Louis Blanc,

Mes chers concitoyens,

Votre lettre est un appel à l'union de tous ceux qui veulent le maintien de la République.

Je n'ai point qualité pour parler au nom des deux hommes considérables auxquels vous me faites l'honneur de m'associer dans l'expression de vos sentiments; mais je vous dois une réponse, et je m'empresse de vous dire que, quant à moi, je regarde l'harmonie des volontés et des efforts dans le parti républicain comme la nécessité suprême de l'heure présente.

Je ne suis pas homme, vous le savez, à faire bon marché de ma foi politique. Les principes sont des in-

térêts permanents ; les expédients, des intérêts transi-
toires. Triste sagesse qui consiste à sacrifier ce qui dure
à ce qui passe !

Je tiendrais donc pour insensée, autant qu'immo-
rale, toute alliance conclue aux dépens des principes
— toute alliance, par exemple—si pareille monstruo-
sité était concevable — entre républicains et bonapartistes. Pour que les uns et les autres votent contre
la monarchie de droit divin, il n'est pas besoin que
leurs mains se cherchent. A combattre la fusion, les
bonapartistes ont un intérêt, qui est celui d'une dy-
nastie, et les républicains en ont un, qui est celui de
la France : chacun à sa besogne. Mais qu'y a-t-il de
commun entre la doctrine en vertu de laquelle un
peuple s'appartient et celle en vertu de laquelle un
peuple appartient à un homme, roi ou empereur?
Nous, marcher côte à côte avec les partisans du régime impérial, comme s'il nous était loisible d'ignorer
d'où ils viennent et où ils vont! Laissons cela, il est
des choses qui ne valent pas la peine qu'on les discute.

Il n'y a d'union honorablement possible qu'entre
les diverses nuances du parti républicain, et en vue
d'un but parfaitement défini : le maintien de la République, ou, ce qui revient absolument au même, le
maintien de la souveraineté nationale.

Peut-être n'avez-vous pas oublié, mes chers concitoyens, qu'à Bordeaux, dans la séance du 17 février
1871, je prononçai les paroles suivantes :

« La République est la forme « nécessaire » de
la souveraineté du peuple, parce que la génération
présente ne peut pas confisquer le droit des généra-

tions futures ; parce que, s'il arrivait au suffrage universel d'établir une monarchie, c'est-à-dire un pouvoir héréditaire, un pouvoir immuable, le suffrage
universel se suiciderait, perdrait sa raison d'être ; la
souveraineté d'aujourd'hui se trouverait avoir détruit
la souveraineté de demain, ce qui implique contradic-
tion. »

Pas une voix ne s'éleva dans l'Assemblée pour ré-
futer cette doctrine, adoptée depuis par l'homme qui
avait mis autrefois le plus d'ardeur à la combattre :
M. Emile de Girardin. Mais, en ce moment, la question, pour les fusionnistes, n'est plus même de savoir
si, à la façon des sophistes du césarisme, ils invoque-
ront le suffrage universel en faveur d'un principe op-
posé à son essence ; s'ils pousseront la souveraineté
nationale à abdiquer, sous couleur de lui rendre hom-
mage ; s'ils demanderont à la souveraineté d'aujour-
d'hui d'attenter à celle de demain, et aux pères de dis-
poser d'avance, arbitrairement, insolemment, de la vo-
lonté de leur enfants : l'audace des fusionnistes ne
connaît pas ces détours. A leurs yeux, le suffrage universel ne mérite même pas l'honneur d'être trompé ;
il ne compte pas. C'est sans le consulter, c'est avec la
conviction qu'il se prononcerait contre eux, c'est dans
une Assemblée élue sans mandat précis et dans un
tout autre dessein, c'est à la majorité d'une voix, faute
de mieux, qu'ils se préparent à nous donner un maître, Qu'est-ee que la France ? On disposera d'elle, sans
elle et contre elle.

La résistance à cet attentat, voilà sur quoi doit por-
ter le concert des républicains de toute nuance. Il s'a-

git de s'entendre pour que le pouvoir de régler le sort du pays reste au pays, qui est le vrai souverain, le seul souverain, le souverain légitime. Il s'agit de sauvegarder la République, non pas dans telle ou telle de ses applications, mais dans son principe. Nous n'avons pas à opposer telle conception républicaine à telle autre, lorsque l'autorité du tribunal souverain est méconnue. Avant d'examiner quelle serait la meilleure des républiques, il importe de faire que la nation, qui a seule le droit de trancher la question par des mandataires librement élus, en conserve le pouvoir.

De là, mes chers concitoyens, la nécessité de l'entente à laquelle votre lettre nous convie.

Mais est-elle aussi facile qu'elle est nécessaire ?

Oui, dès que son but est celui qui vient d'être indiqué.

Je n'ignore pas de quelles préventions les républicains auxquels on est convenu de donner le nom de *radicaux* ont été ou sont encore l'objet, de la part de quelques-uns des républicains qu'on appelle *modérés*. Les premiers ont eu beau prouver leur *modération* en ne demandant à la République que ce que les seconds ont un intérêt égal à attendre d'elle, savoir : La liberté de conscience respectée, la liberté de réunion et d'association garantie, la liberté d'écrire placée au-dessus des fausses terreurs et des faux caprices de l'autorité dominante, et des réformes, graduelles, prudentes, ayant pour objet de mettre de plus en plus à la portée du travailleur les instruments de travail, à commencer par le premier de tous, l'éducation ; ils ont eu beau démontrer qu'ils méritaient, eux aussi, ce beau nom de *modérés*, par leur respect de la légalité, par leur calme devant les provocations systématiques, et, dans l'Assemblée, par leur adhésion, plus que dé-désintéressée, à un gouvernement qui ne partageait pas toutes leurs aspirations : la réaction s'est armée contre eux, sous la République, du mot *radical*, comme elle s'était armée contre eux du mot *républicain*, sous la monarchie ; et cette tactique, employée pour diviser le grand parti de la Révolution, n'a pas été sans produire, dans une certaine mesure, le résultat espéré. Eh bien ! à nous de vaincre ces prétentions injustes, en redoublant de tolérance et de sagesse : le salut de la République est à ce prix.

Quand je dis le salut de la République, je parle — remarquez-le bien — des conséquences immédiates et purement temporaires que pourrait avoir le succès de la fusion, et rien que de cela. Car si par impossible la République était renversée, une révolution ne tarderait pas à la remettre debout. C'est ce que M. Thiers a fort bien vu, et ce qui l'a conduit à dire, lui monarchiste par théorie, par tradition et par sentiment : « Il n'y a aujourd'hui de possible en France que la République. »

Il faut en effet fermer volontairement son esprit aux enseignements de l'histoire, pour regarder l'hérédité monarchique comme chose réalisable dans notre pays.

Louis XVI a-t-il été remplacé sur le trône par Louis XVII ?

Napoléon Ier l'a-t-il été par le duc de Reichstadt ?

Charles X l'a-t-il été par le comte de Chambord ?

Louis-Philippe l'a-t-il été par le comte de Paris ?

Napoléon III l'a-t-il été par son fils ?

Que de brèches faites coup sur coup au principe de l'hérédité monarchique, et toujours par une révolution: révolution de 1792, révolution de 1814, révolution de 1830, révolution de 1848, révolution de 1870 !

Pour que la leçon renfermée en de pareils événements soit comprise, combien de fois encore faudra-t-il donc que la société tremble sur ses fondements et que le sang coule ?

Non, les fusionnistes n'auraient pas définitivement raison de la République, alors même qu'ils réussiraient à gagner une couronne pour Henri V par quelques votes convenus d'avance dans un couloir. Et pourquoi ? Parce que cet escamotage de la souveraineté populaire animerait le peuple à la reconquérir ; parce que la nation ne sanctionnerait pas une décision prise en dehors d'elle, décision qu'on ne l'appellerait pas d'ailleurs à sanctionner ; parce que, si un pays peut s'accommoder du régime des chartes imposées ou octroyées tant que la soumission n'a pas cessé d'être son lot, il n'en est pas de même lorsque l'exercice du suffrage universel lui a une fois donné le sentiment de son émancipation, la fierté de son indépendance, et — plus que cela — la conviction que le souverain, c'est lui. Une monarchie, dans de telles conditions, serait réduite à se tenir perpétuellement sur la défensive ; elle serait réduite à gouverner par la force, jusqu'au moment où elle aurait à la subir.

Et combien ces considérations paraissent plus puissantes, quand on songe à tout ce que le nom de Henri V rappelle, à tout ce que nous gardent ses opinions bien connues sur le pouvoir temporel des papes, sur le rôle prépondérant de l'Eglise dans l'Etat, sur le respect dû au *Syllabus*, sur l'étendue de l'autorité qui appartient à l'oint du Seigneur !

On le nierait en vain : l'avènement de Henri V, c'est le retour à l'ancien régime.

Comment en douter, lorsque ceux-là même qui le nient s'expriment de la manière que voici (je cite textuellement) : « Nous ne savons rien de ce qui sera fait, et nous ne nous permettrons jamais de donner un conseil à notre roi. Tout ce qu'il décide est bien, et nous ne comprenons pas qu'on discute avec les actes d'un souverain. »

Que parmi les fusionnistes il y en ait qui s'imaginent pouvoir enchaîner le prince d'une main en le couronnant de l'autre, soit. Mais ils se trompent ; ils sont dupes de la haine aveugle que la République leur inspire ; ils ne sont sincères qu'à force de manquer de logique.

Les logiciens de la fusion sont ceux qui, tels que l'archevêque de Paris, brûlent de rendre Rome au pape, dût cette tentative folle nous mettre aux prises avec l'Italie et la Prusse.

Les logiciens de la fusion sont ceux qui écrivent, comme je me souviens de l'avoir lu dans le *Monde* : « Les catholiques ne sont soumis aux lois que *salva fide*, » ou, comme je l'ai lu dans l'*Univers* : « Si l'Eglise est infaillible, l'Etat doit tenir pour vrai tout ce que l'Eglise enseigne comme révélé de Dieu, par conséquent le dogme de l'infaillibilité du pape, *et tout ce qui s'en suit*. »

Les logiciens de la fusion sont ceux qui, avec l'*U-nion*, demandent que le comte de Chambord commence par être mis sur le trône, sauf à lui de voir, quand il y sera, ce que son bon plaisir est d'accorder à ses *sujets*.

Le grand logicien de la fusion, c'est le comte de Chambord lui-même, disant : « La France m'appellera et je viendrai à elle tout entier, avec mon dévouement, *mon principe et mon drapeau.* »

On protestera tant qu'on voudra contre toute intention de revenir aux abus les plus criants de l'ancien régime : en vérité, cela ne sert de rien, dès qu'on prétend nous ramener, et au principe sur lequel l'ancien régime reposait, et à la doctrine qui en constituait l'essence, et au drapeau qui en était le symbole.

Le principe et la doctrine de l'ancien régime ont produit les abus de l'ancien régime aussi fatalement que l'arbre porte ses fruits. Supposons que le comte de Chambord consentît à se déshonorer en adoptant l'étendard de la Révolution, après avoir déclaré, à la face de la terre entière, qu'il ne se laisserait pas arracher des mains l'étendard de François Iᵉʳ. S'imagine-t-on de bonne foi qu'il en aimerait davantage ce que le drapeau tricolore représente, et qu'il en aimerait moins ce que représente le drapeau blanc ?

C'est donc bien d'un retour à l'ancien régime que la France est menacée. La fusion est l'effort désespéré de tous les ennemis de la Révolution — de cette Révolution fatidique qui émancipa l'esprit humain, affranchit le travail et donna la terre aux paysans. Or, il y a démence à croire qu'un semblable effort puisse avoir,

alors même qu'il ne se briserait pas au premier choc,
un résultat durable. Le rétablissement de la monarchie de droit divin par un coup de majorité parlemen-
taire, ce serait le provisoire actuel remplacé par un
autre provisoire mille fois plus funeste que celui-ci
au travail, au commerce, à l'industrie, à tous les intérêts conservatistes, et menant droit à de nouveaux
bouleversements.

La France, qui est aussi lasse des révolutions que
fatiguée d'avoir des maîtres, la France qui est affa-
mée de repos, d'ordre, de sécurité, et que le suffrage
universel met à l'abri, tant qu'il est respecté, de toute
entreprise factieuse, la France rentrerait avec la monarchie dans la carrière des agitations qui l'ont érein-
tée. Il faut, par l'union de tous les républicains, la
sauver de ce péril, la détourner de ce gouffre, et pré-
munir, s'il est possible, contre les suites que leur
aveuglement aurait pour eux-mêmes, des hommes
qui se disent conservateurs, mais qui ne sont que des
révolutionnaires à rebours.

Agréez, mes chers concitoyens, l'assurance de mes
sentiments les plus dévoués.

Louis BLANC.

Comme on le voit, cette lettre fait allusion aux intrigues
fusionnistes auxquelles le dernier manifeste du comte de
Chambord a porté un coup terrible. Mais les intrigues ne
sont pas encore mortes; la lettre de M. Louis Blanc est donc
encore pleine d'à-propos, surtout au point de vue de l'union
des républicains.

57